給大學新鮮人的12封信

黃崑巖◎等著
聯合報編輯部◎企劃

黃崑巖　教育部醫學教育委員會召集人
吳重雨　交通大學校長
葉永烜　中央大學副校長
彭懷真　東海大學社工系主任
陳皎眉　考試院考試委員、政大心理系兼任教授
葉金川　總統府副秘書長
陳超明　政治大學公企中心主任
周行一　政大商學院財務管理系教授
黃碧端　行政院文建會主委
江威娜　萬事達卡中國區總經理暨資深副總裁
盧淑芬　哈潑時尚（Happers Bazaar）雜誌總編輯
蔣　勳　聯合文學社長

前言

十年教改創造新的「台灣奇蹟」：大學錄取率像坐直升機，急速攀升到百分之九十七，最低錄取分數卻狂掉到七點九分。

當「窄門」變「大道」、大學教育從菁英教育變成普及教育、大學學歷再也不是「就職保證書」時，大學還能「由你玩四年」嗎？當大學的定義與內涵不斷改變時，大學新鮮人要如何看待及善用這個「黃金四年」，替未來的職場與人生作好應變，成爲重要的課題。

繼《給社會新鮮人的10封信》後，聯合報再推出《給大學新鮮人的12封信》，邀請十二位大學師長與各領域菁英，分享他們的寶貴經驗，提供新鮮人一分新鮮有趣卻實用的「大學入門地圖」。

過去，大學必修學分很單純：學業、愛情、社團，大家通常是關起門來學習與競爭。可是在目前網路無遠弗屆、世界是平的時代，我們的大學生在校園裡其實已經同步與歐美、日本、印度、泰國、中國大陸一起競爭，大學必修學分愈來愈多元、愈來愈複雜，同時競爭也愈來愈激烈。

所以，大學四年應該學些什麼？政大周行一教授提醒你，僅靠「硬本事」（專業知識）是不足以應付多元複雜的現代社會，你還必須學會「軟本事」。「軟本事」包羅萬象，包括溝通、領導、文化素養和品德等等；尤其，他認爲在此階段交到一生信賴的知交好友，可以是你分享心事的對象，也可能是你未來的事業夥伴。

教育部醫學教育委員會主委黃崑巖，特別強調品格教育的重要，他說，如果這四年只是塞滿片段的知識畢業，這些「知識」很快（最多兩年半）就會還給老師；如果你帶著學習方法論而畢業，一輩子可受用無窮。

大學也是奠定你與社會及世界溝通基礎的重要階段。中央大學副校長葉永烜的信裡寫到：學好外語能力很重要，這是與世界溝通的工具，但他提醒，外語好，不代表國際化、有國際觀，培養尊重異文化更爲重要。政大公企中心主任陳超明則說，所謂國際視野，不只是吸納世界各文化的精髓，還必須體認自己本土文化的力量。

大學更是全人教育的養成環境。交通大學吳重雨校長希望理工科的學生應該有人文藝術管理的涵養，人文藝術科的學生，也應該要有科學的素養。熱愛運動、曾任衛生署長的總統府副秘書長葉金川建議，大學新鮮人一定要養成一種運動習慣，除了保持健康的身體，也可藉持續運動的過程沉澱心靈。

哈潑時尚（Happers Bazaar）國際中文版總編輯盧淑芬甚至建議：放下罪惡感，學會打扮、逛精品店。但打扮不是爲了招搖，而是培養美學素養和品味的行動；逛精品店不要血拼買名牌，而是學會欣賞精品店裡無處不在的時尚美學。

至於對愛情憧憬的年輕人，東海社工系系主任彭懷眞鼓勵：

「大學階段最棒的禮物就是談戀愛。」美學大師蔣勳則說，學會孤獨是更重要的一個人生課題，「你如果沒辦法孤獨地面對自己，就沒有獨自承擔事情的能力。」正好是你感情世界的兩面。

對於大考分數不到一百分的大學新鮮人，文建會主委黃碧端有務實的建議：從第一天起就應下定決心，每天至少背一個英文單字，每月至少讀一本經典好書，每學期至少挑一門跨系而有養份的課來選修，「進校門前你也許不是夠好的學生，但出校門時你已經甲冑齊全。」

十二封信，每封都是心靈導師的智慧結晶，值得新鮮人在踏進大學之門前細細品味，或是在跨出大學之後重新回味；即使不曾進入大學，這十二封經驗之書，仍然處處得見啓發的光點。

祝福讀者，在書中找到一把終身受用的金鑰匙，開啓你無限可能的人生。

聯合報編輯部

目次

品德、道德、公民素質的養成

記錄　記者施靜茹
攝影　徐世經

祝你大學生涯多學語言、多閱讀書籍，提升自己人生經驗！

黃崑巖

現職　成大醫學院創院院長、教育部醫學教育委員會召集人

學歷　台大醫學院醫學系畢業、美國喬治華盛頓大學微生物學博士

專長　研究干擾素與感染免疫知名學者

親愛的大學新鮮人：

最近台大醫學院招考新生，不再像以前滿級分生那麼多，這是一個進步，表示學生不會爲了家人期望而選科。讀書有自己的見地，但大學生仍缺乏人生學習典範。

過去我在成大招考醫學生口試，常會問一題：「誰是你的典範？」很特別，男學生總是答：「史懷哲。」我反問：「你畢業後要去非洲行醫嗎？」而女學生的答案，也老是「居禮夫人」，這種回答，讓我感覺像師長或補習班教出來的。

典範人物　在你身邊

我認爲典範人物，應是你周遭的人。

我一生的典範，是我讀新竹中學時的班導師蘇森墉，他以教音樂爲主，但字寫得好，文學素養夠，他告訴我們：「如不能成爲創作家，也應成爲有品味的鑑賞家。」成爲我一輩子懂得如何過生活的標竿。

現在台灣大學生，常把通識教育當「營養學分」，不像美國以「liberal arts」在經營，教授豐富的歷史、文學和社會學等，甚至還有以通識教育聞名的大學。

我在台灣的大學，看學生的通識教育作業，總是大同小異，有一次問一位學生，他面不改色說：「從網路下載的。」不禁令我搖頭。

學習方法　永遠受用

大學教你知識，但如果四年，你是塞滿片段的知識畢業，我可以跟你說：「知識的半衰期只有兩年半！」很快會還給老師，如你帶著學習方法論離開，一輩子受用。

中國人常講「學以致用」，台灣的大學太講究專業，好像一定要教你以後如何賺錢，卻輕忽通識教育，殊不知它潛移默化帶來的人生經驗提升，對一生的影響有多重要。

會讀書和好教養不能畫等號，不罵人，不見得是好教養，特別是從醫的人，傲慢也是一種不好的教養。

多讀好書　涵養教養

好教養要從小培養，爲什麼小孩都喜歡父母念床邊故事，有人說五歲定終身，如果父母讓孩子從小愛讀書，涉獵古今中外文化精髓，多讀書對涵養好教養一定有幫助。

台灣捷運、電梯禮儀，和公廁清潔，近年都有進步，但語言暴力仍待改善。媒體充斥所謂名嘴和政治人物的批評謾罵聲，連中研院院士都看不下去。

捉刀論文　竟引掌聲

「官大未必有教養！」二〇〇〇年六月，前總統陳水扁在台北大學的畢業典禮演講中，公開宣稱夫人吳淑珍的畢業論文是他捉刀，結果當場揚起笑聲和掌聲，而非錯愕，將這種行爲解讀爲墜入情網的兩小無猜情懷。

事後，媒體沒對這種違反學術倫理行爲有任何評論，只有輔大英文系神父教授鮑瑞磊（Daniel Bower）在台灣英文報《中國郵報》投書，認為陳前總統應向國人道歉，可見國人的教養有問題，對元首容忍度很高，社會就如此和稀泥下去。

在蘇曉康和王魯湘合著的《河殤》，裡面提到：「人的素質是落後概念的本質。」人的一生，接受學校教育約廿年，影響最久的就是父母和社會，如果父母、社會不能給下一代好的示範，下一代的素質也不可能好到哪裡。

第二封信

勇敢走出自己的路

新鮮人要體會全人教育的重要，
假使你是理工科系的學生，
也要有人文藝術管理的涵養。

發信人　吳重雨

攝影　彭芸芳

吳重雨

現職　交通大學校長

學歷　交大電子物理學士、交大電子工程博士、加州大學柏克萊分校電機資訊博士後研究

專長　奈米電子與超大型積體電路

親愛的大學新鮮人：

首先，恭喜你們即將踏入大學的殿堂，成爲最具活力、潛力的大學新鮮人。大學是人生最菁華的時刻，可以增進自己專業的能力與知識，接受全人教育的薰陶，培養創造力，成爲未來領導人才，進入大學，眞是一件值得恭喜的大事。

交大每年都提供獎學金，安排很多大學生到柏克萊、伊利諾香檳校區等國際一流大學就讀一學期或一年，他們覺得自己和國外學生一樣聰明，可是國外學生每天都十分認眞，絕對不是考試前才臨時準備，這點值得台灣學生看齊。

世界是平的，國際化的結果，使得國內外學生都站在同一平台競爭，交大學生返國後感同身受，更加認眞用功，他們的轉變，連家長都感受到。

我觀察到，這些同學的另一項轉變，就是勇於依自己興趣，走出自己的路，因爲他們感受到國外學生的自主及勇氣。例如有幾位由電機資訊領域畢業的同學，就忠於自己興趣，選財務工程或數位建築等不同研究領域繼續深造，將成爲跨領域的領導人才。

外語能力 一定要有

現在是全球化時代，在大學時期要培養與國際接軌的條件，尤其是外語能力。學習外語必須每天持續不斷才能進步，很多大學設有語言中心或者數位學習平台，提供優良的外語環境。在強調全球化的校園中，也有很多來自於世界各地的外籍生，多和校內的外籍生交流，也是與國際接軌的一環。

全人教育　一定要有

在大學四年中，新鮮人要體會全人教育的重要，假使你是理工科系的學生，應該要有人文藝術管理的涵養；藝術人文學院的學生，也應該要有科學的素養。

例如交大民國九十六年推動「新文藝復興閱讀計畫」，邀請十位在各領域的大師各推薦十本經典書籍，每學期邀請專家學者導讀；更與「I'm TV」合作，將導讀實況上網，讓全球華人都能共享，並在交大學生創業成功的「FunP推推王」網站，推動線上讀書會社群，希望透過網路無邊際的特性，在閱讀力低落的時代拋磚引玉。

我眞誠希望你們也能加入培養閱讀樂趣，讓自己決定生命的能量與精彩度！

未來領袖　十一特質

台積電董事長張忠謀去年在交大的新生入學典禮中，爲新鮮人談「未來領導者」，列出未來領導者所必備的十一項特質，在此和大家分享，包括：「終生的健康生活習慣」、「培養志願」、「用功學習」、「學習時徹底瞭解」、「獨立思考」、「創新」、「學中文」、「學英文」、「學習世界」、「學演講辯論」以及「做一個『誠與信』的人」（內容參考交大e-News第十三期的網站：http://www.pac.nctu.edu.tw/files/enews//html/2007/013/013.html）。

在《記得你是誰》這本書中，收錄了哈佛大學十五位商學院教授在最後一堂課和學生分享的故事，在此我也與你們分享其中一位柯拉克教授的故事：

柯拉克教授小時候出門上學前，媽媽都會喊他的小名，提醒他說：「小金，你今天出門是要去當領袖的，千萬要明辨是非，不要讓人牽著鼻子走，要『記得你是誰』。」意思是希望柯拉克能夠不要人云亦云，並把握機會、實現改造世界的願望。

今年六月我在「新文藝復興閱讀計畫」導讀此書，我也推薦給所有大學新鮮人，希望你們在炎炎夏日裡閱讀，期許你們能夠高瞻遠矚，走出生活裡的山谷和陰影，進入一望無際的高原，讓自己成爲一個懷有夢想、希望和信心的人。

第三封信

培養國際觀　尊重多元文化

我借用錢穆先生
在香港中文大學新亞書院校歌中所撰：
「手空空，無一物，路遙遙，無止境，
亂離中，流浪裡，餓我體膚，勞我精。
艱險我奮進，困乏我多情」，
祝福各位一帆風順，
成功的完成四年學習歷程。

發信人　葉永烜
攝影　薛荷玉

葉永烜

現職　中央大學天文所及太空所教授兼副校長

學歷　香港中文大學物理系學士、美國匹茲堡大學物理系碩士、美國加州大學聖地牙哥分校應用物理及資訊科學博士

專長　天文、太空科學，精通國語、客語、廣東話、英語、德語

親愛的大學新鮮人：

大家都喜歡說「我愛夏日長」，但你們說不定都急著想這個暑假快快過去，好開始期待已久的大學生涯。

語文能力　悠久見生成

我在美國聖地牙哥加州大學念研究所的時候，有一次問瑞典籍的指導老師阿爾文（Hannes Alfven）教授，他學問這麼廣博精湛，可不可以說一說他在大學時代，有哪些科目最爲重要？他想也不想便說外文最重要。

他的意思在於科學發展迅速，日新月異，除了一些最基礎的原理外，很多知識在幾年後便被新發現所取代。但語文能力則是悠久見生成，可以讓你超越時空的限制，和不同時代、不同國界的人交往，這才是現代教育的目的，也是現代社會最需要的人才。

傳遞思想　地球是平的

我們學習外語，特別是英文，目的不只在有效率地接觸國際事物，更重要的是把自己的思想、理念和成果表達出來，更容易與別人溝通合作。但今天我們往往把英語能力和國際化這兩件事混在一起，以爲英文好就代表有國際觀。

我在德國工作時的研究所所長阿斯福特（W.I.Axford）教授，退休後回紐西蘭老家居住，便整天憂心紐西蘭年輕一代的未來，因爲他們的學生，英文流利沒話說，但即使出國留學，也多捨近求遠，局限於同文同種的英美，極少到周邊南太平洋和東亞各國，在文化交流上，其實於事無補。此外，受到氣候變遷和能源缺乏的衝擊，遠程飛機航線將會大量減縮，紐西蘭這個在太平洋中的島國，未來很可能逐步遭到隔離。

所以英文好，不一定代表國際化、有國際觀。即使用本國文字來閱讀國際新聞，以國外作爲研究的主題，也可以增進國際觀。

國際交流　再認識自己

我從這兩位老師所學到很特殊的一堂課，便是外語能力很重要，但它只是一個工具。更重要的是我們要培養尊重和了解別人多元文化系統的觀念。同時透過國際交流，我們也可以重新發現自己。譬如，我最近和一個在中央大學英文系的奧國留學生談論她的碩士論文，有趣的是她的研究題目，是有關一個美國電視節目的社會影響，她另一個同班同學的碩士論文則是有關一九五〇年代在非洲英屬肯亞發生的毛毛叛亂事件。所以，很多事情，我們可以從國際交流得到反思和前瞻；也對我們自己的文化和過去努力的成果，更爲珍重和刻意利用。

現在常說「地球是平的」，在廿一世紀，各國的經濟、生活習慣和教育模式，因交通及網路的發達，已趨向全球化。其實，秦滅六國之前的中國，便有著多采多姿的各種文化與社會系統。

公平正義　普世的胸懷

歷史會自己重演（History repeats itself），今天的世界局勢與春秋戰國不遑多讓，美國、歐盟、日本、中國、印度、俄國和巴西等國連橫合縱，彼此競逐。在這個全球極端氣候變遷和金融風暴的大環境下，你們這一屆的新鮮人責任重大，更應該要以「修身，齊家，治國，平天下」爲核心價值。其中的「平天下」就是要有國際觀，目的在於把公平正義帶到整個世界，這也是所謂學以致用和普世胸懷。

第四封信

大膽去愛吧
痛過的人才夠力

愛是最美麗的疼痛，
祝福你在大學階段，
因為愛，
因為愛裡面所帶來的疼痛與傷疤，
改變了自己，
找到了人生的目的，
成為一個很夠力的人。

彭懷真

現職 東海大學社工系主任

學歷 台大社會系、台大社會工作所碩士、東海大學社會學研究所博士

專長 非營利組織與管理、人力資源、婚姻與家庭、性侵害與家庭暴力防治議題

發信人 彭懷真

攝影 施豐坤

親愛的大學新鮮人：

一定有許多人對你（妳）說：「讀大學有多好！」或許還有人因爲你考上大學而送你禮物。我的名字有個「眞」字，所以眞心提醒：「大學階段最棒的禮物就是談戀愛！」可是，你在接受戀愛這禮物時，會承受、甚至忍受各種疼痛。痛苦總是伴隨著快樂，你渴望某人、取悅對方、相戀相守、爭吵辯論，甚至黯然分手，每一次痛苦，甚至痛到心碎時，你都在學習愛的功課。

怕痛不敢愛　你該被嘲笑

莎士比亞在《羅蜜歐與茱麗葉》中如此說：「他嘲笑未曾感受創痛的傷疤。」從入學到畢業，你會因爲愛情有各種傷疤，如果光是有傷疤卻沒有創痛，你眞該被嘲笑。但是透過傷痕的烙印，你獲得課堂上學不到的成長，認識異性、瞭解關係，更深刻知道自己的優缺點。

假如你害怕愛情可能帶來的傷痕而不敢戀愛，更該被嘲笑！大學是人生最該談戀愛的階段，這裡自由，所以適合自由戀愛；這裡以年輕生命力爲主，可以大方去享受青春；這裡的空氣裡，彷彿瀰漫了荷爾蒙。更重要的，你有空，上班族每週工作四十幾小時，你上課最多二十幾小時，還有二十小時能夠去愛與被愛，去說些情話、寫些情書、做些討好異性的小動作、約會、牽手、一起作夢……。

嘗過甜與苦　青春正當時

千萬不要在大學無所事事，美國詩人福克納說：「如果要我在疼痛與無所事事之間做一選擇，我寧願選疼痛。」大學裡充斥著無所事事的人，什麼都不敢，欠缺行動力，爲了怕愛情帶來的痛，抗拒戀愛，寧可做「宅男宅女」。其實，愛固然讓你痛，但這種痛是無比珍貴的禮物。因爲你懂得不再只爲自己而活，莎士比亞在《李爾王》中描述這樣的轉變：「唯有人性受壓、心靈受創、肉體受苦時，我才不再是自己！」經過愛情，孤單的我（I）成爲了我們（We），如此我們是（We are）懂得分享（share）與關懷（care）了。

面對面戀愛　我變我們倆

你們多數是獨生子或獨生女，在家中備受寵愛，很少有機會學習親密地分享與眞誠地關懷，到了大學如果還做獨行俠，將來如何能透過別人來完成理想呢？大學使你不再只靠家人的親情，而能經營許多友情，如同英國神學家路易斯所形容的：「友情是肩並肩，愛情則是面對面。」戀愛才可讓你徹底改頭換面，天天服用心靈的維他命C，你與心愛的人結合伴侶（couple），使你懂得溝通（communication）、協調（coordination）、妥協（compromise）、共識（consensus）、合作（cooperation），絕對有助於創造更棒的人生。

我是台大班上第一個結婚的，也是第一個做父親以及做祖父的，我還幸運地以第一名畢業又是第一個拿到博士、第一個出書、第一個做學校主管的。因爲我敢愛、大方地愛，雖然經歷許多痛苦，卻也因此就充滿勇氣去認眞讀書、去發展事業。就像英國大文豪蕭伯納所點出的：「讓自己被一個目的（愛）所差使，好使自己被人當成一個很夠力的人，這是生命中的眞正喜悅。」

夢想與責任　大學必修課

「既然無法閃躲，就該勇敢面對。」大學裡有很多功課，不能不修的是關於愛情這門最可能帶來痛苦的課。

夢想常伴隨著責任，愛情更伴隨著責任。我精采的前半生證明了佛洛伊德的理論：愛是最大的動能、最強的欲望、最深的滿足、最恆久的快樂。這一切，源於大一開始的戀情，我至今都珍惜。

第五封信

戀愛K書玩社團 你別當壓力鍋

未來有無窮可能，好好把握大學四年。

陳皎眉

現職 考試院考試委員、政大心理系兼任教授

學歷 台大心理系、美國印第安那大學社會心理博士

專長 社會心理、兒童心理、青少年心理、人際關係、兩性關係與團體動力學等

發信人 陳皎眉

攝影 侯世駿

親愛的大學新鮮人：

上了大學，不少人很高興，覺得自由了，可以「睡覺睡到自然醒，打球打到腳抽筋」。不過，大學絕對不是「由你玩四年」，這幾年，除了要好好讀書，更希望能培養一輩子的興趣，並結交志同道合的朋友，也就是讀書之外，兼顧社團及生活。

蒙著頭苦讀　累死沒效果

學業是大學生的重要任務。學習通識外，還有專業課程。大一新鮮人要先了解，大學跟高中的學習方法有很大的差別，國、高中時，課程內容較少，老師在課堂上會一再重複，讓學生有時間練習和記憶。大學則不然，每一門課的內容都很多，可能一次上課就有卅頁的書要看，老師也只會講一次。大學使用英文教材非常普遍，且一門課要看很多參考資料和書籍，學習方法和時間掌握非常重要。

想要事半功倍，上課前最好先預習，上課時再仔細聆聽，會比較有概念。應將重點記下來，回家後儘速復習，花較少的時間，得到較好的效果。我也建議，若上課使用英文教材，即使有些字不認識，也不需要逐字查，上下文多看幾次，意思大致就懂了，真正的關鍵字不清楚時才查字典，否則會見樹不見林，而且會讀不完。

紓壓找出口　這門課必修

大學生要兼顧學業、社團、愛情和生活，不能說很容易，因此時間安排很重要，不建議大家修太多課，以至於沒有時間做其他的事；不過，比起高中，大學生可以掌握的時間其實已很多，尤其空堂很多，要妥善安排，不要浪費掉了。

參加社團可以結交朋友，建立人際關係，學習團隊合作，處理事情，跟社會接軌。但有些人參加太多社團，所有時間都放在社團活動裡面，這也不妥當，應該要兼顧學業。

因爲要兼顧學業、社團和生活，甚至還要打工付生活費，常常會覺得壓力很大，心情不好，甚至沮喪，因此心理紓壓和情緒管理，也是大學生要學習的一門課。

我很矮卻Q　不嫌東怨西

壓力很大時，情緒會受影響，怎麼辦？套句聖嚴法師的話，

「面對它」、「處理它」、「放下它」及「接受它」。例如：碰到課業壓力時，要先了解原因，如果是不夠用功，就要好好努力，多花時間念書；如果是方法不對，可以跟同學或老師請教學習。又例如：有人認爲自己條件不好、不夠高、不夠漂亮，才會讓愛情無法順利，此時就要接受不能改變的（身高），但改變可以改變的（適當的裝扮、氣質的培養），你會發現其實嬌小的人也可以很可愛、甚至清純美麗。

每個人都會碰到情緒起伏，都要有紓壓的管道，心情不好時，有的人唱唱歌或聽音樂就可改變心情，有的人則去跑步、跳舞或運動，動一動流流汗，心情就好很多，而有些人喜歡找朋友聊聊、訴訴苦，每個人紓解情緒方法不同，要找到最適合的方法。

交友交換帖　一生不寂寞

朋友就像一扇窗，每個人都需要朋友，大學時一定要交一些志同道合的朋友，心情不好時，可以找他們聊聊，更重要的是，他們對現在的瞭解、對未來的抱負跟我們比較接近，不但可以是現在的朋友，還可以是一輩子的朋友。

大學生對很多事沒有經驗，資源也比較少，一旦碰到問題，不論是情緒、課業、愛情或生活等，自己解決不了，朋友也幫不了時，就應該跟長輩求助，包括老師、父母及專業機構，這些資源大學生很少用，但別忘了，必要時不要吝於求助。

享受運動　一日習慣終生上癮

大學四年必須奠定好基礎，一定要養成終身學習的習慣。

記錄　記者范凌嘉
攝影　陳正興

葉金川

現職　總統府副秘書長

學歷　台大醫學系、台大公共衛生研究所碩士、美國哈佛大學公共衛生碩士

專長　醫療制度、健康保險、衛生行政、衛生政策

親愛的大學新鮮人：

我想建議的是，大學四年，你至少要養成一種運動習慣。

可惜我體悟到這點，已經是卅五歲前後，那時我才第一次感覺應該養成一個終身運動的習慣。醫學院畢業時，已經廿五歲，接著十年都一直在念書與工作，等到體力開始走下坡，才驚覺不運動不行，這時，我選擇登山。

我大學參加登山社，爬過玉山、秀姑巒山、大霸尖山等，那種感受讓十年後的我仍然印象深刻，登山變成我此生念念不忘的運動。即使到了今天，我還在想六十歲前要完成我的夢想：爬完台灣百岳。

心靈飛舞　帶夢旅行

我列一個表，上面寫了九十九件該做的事，其中第一件就是六十歲前，要把台灣百岳爬完。當然，這九十九件事有些比較簡單，例如「養一個女兒」、「完成一本書」等，但運動這事，排第一件。

爲什麼我希望你有運動習慣呢？很多人說，運動是爲了健康，但我覺得不只如此。運動其實是爲了享受、放鬆，不純粹只是爲了健康。

嚴格來說，爬山常要五到七天，對身體健康也不一定好，如果只是爲了健康，每周爬一兩個小時山也就足夠了，我花那麼多時間爬山，應該說，是心靈的飛舞，就是那種「帶著一個夢去旅行」的感覺。

我知道，如果沒有跟我類似的際遇，我很難說服你相信運動的重要性；就像有人很愛的打高爾夫，旁人看不出有趣在哪，但對打高爾夫的人來說，這是心靈的寄託。

有運有動　活力旺來

但我還是很誠心的建議你，一定要培養運動的習慣。運動確實有益健康。醫學知識愈來愈豐富，大家慢慢了解運動的好處，以前大家只知道運動有益心肺功能，後來慢慢發現運動可產生腦啡，產生快感，能夠對抗憂鬱症。

最近醫學更精進，發現運動會產生白血球CD34。白血球有很多種細胞，CD34就是一種修復細胞，像幹細胞一樣，譬如手受傷他會修復；運動可讓CD34細胞數目增加，刺激修復的能力，所以有運動的人，看起來比較年輕。

手腳愉快　你也想試

此外，運動也能增加去自由基的酶。自由基對人體不好，但體內去自由基的酶可以化解，這可由運動增加，有效減緩老化。很多人吃抗氧化食物，但其實運動就能造成效果，愈來愈多證據顯示，運動是生命的泉源，讓你保持生理健康，也讓你找到身心活力。

可能你會覺得，保持運動習慣要很有毅力與耐心？錯了。一旦你習慣運動，就會變成癮一樣，不去運動反而渾身不舒服，提不起勁，過一陣子就會想去運動。所以養成運動習慣也沒那麼困難，就像戒菸一樣，你只是需要一點知識與啓示，一旦想通，就忽然解決了，根本不困難。

除了登山外，我還游泳、騎腳踏車、跑步。其實游泳比騎腳踏車來得好，因爲游泳是全身運動，但腳踏車的「愉快感」較強，你想想，可以騎車在原野森林間馳騁，那種速度感眞像在飆車，那種感覺，你也一定會想試試。

找對鑰匙　精采四年

大學除了知識之窗外，還有生活與做人，求知識固然是大學最重要的目標，但生活與做人也很重要，這包括養生、包括愛惜自己、也包括尊重自己，都是你必須在四年內學習的。大學不是只有把成績弄好、知識移轉而已，而是讓你對自己的生活與人生有個認識，肯定自己的目標在哪裡，才能支持你繼續往前走。

老實說，大學四年，只能給你工具而已，畢業後還有漫漫長路要走；如果這四年你沒有找到鑰匙，或者沒有熟悉工具，這四年就白費了。

我認爲大學要熟悉的最重要工具之一，就是要養成一種運動的習慣，任何一種運動習慣都可以。就像馬總統說的，「一人一運動，一人一藝文」，畢竟生活不是只有工作與家庭，終身的運動習慣，絕對是必要的。

第七封信

強化外語能力
與世界對話

好好學會一種語言與文化，
開啓多重的可能與未來。

發信人　陳超明

攝影　林秀明

陳超明

現職　政治大學公企中心主任

學歷　台大外文系、台師大英語研究所、美國佛羅里
達州立大學英美文學系博士

專長　小說、十九世紀英國文學、二十世紀美國文學

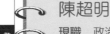

親愛的大一新鮮人：

進入大學最重要的事情就是擴展你的視野：透過知識的追求，擴展心靈的視野；透過與人的互動，提升感情的視野；透過對本土與外來文化的認知，展現國際視野。大學不僅是培訓未來職場能力的地方，更是豐富你人生內涵的重要場域。

今天要跟你們談談如何擴展國際視野。所謂國際視野就是與世界對話的能力，也就是透過不同的管道，吸納世界各國文化與族群的精髓，進而體認自己本土文化的力量。這種跨文化與跨語言的認知能力，已成爲歐美日（甚至中國大陸）大學生，面對廿一世紀全球化時代，最重要的競爭力。

不斷提升國際視野

台灣是個面對全球競爭的市場，不管你未來要從事何種行業，不管是要在地經營咖啡店、或是成爲一個記者、或是到科學園區當工程師，你都要面對世界。你的咖啡店如何進貨、如何創意地經營、如何與時尚趨勢同步來創造利潤，都需要你不斷地與世界對話，不斷地提升你的國際視野；若要當一個好的工程師，必須不斷地進修吸收先進國家的資訊；未來想當一個有執行力的科技主管，更需要具備與全球對話的能力。

先要提升外語能力

談到國際視野或是增強自己與世界對話的能力，第一步就是要提升你的外語能力。語言不僅是一種溝通的能力，更是一種思考的方式。當你能使用兩種語言（中文與英文）來思考，你的創意、你對事情的認知就會更加多元、更加深入。精熟的雙語言能力，不僅可以提升你與世界的互動，更是培養多元思維與激發創造力的基礎。

除了自己的專業外，大學中最重要的另一門課程就是外語能力（當然以英文爲首要）。你可以在短時間內學會一項專業技能（如理財能力、外貿知識、電腦設計繪圖），但是卻無法在短時間內學好一種語言。好好運用大學這四年的時間強化你的英文，也利用時間好好學會另一項外語。台灣企業對外語的需求是非常迫切的，縱使你不是名校的學生，但是熟悉英文、日文或是其他外語的學生，絕對是企業的最愛。你的專業加上外語，是未來競爭的利器。

如何利用大學四年學好外語，這裡提供幾個方法：

把握學習英文機會

一、把握學習英文的所有機會：不管是修課或是參加社團，都要讓自己隨時暴露在英文的學習環境之中。根據研究顯示，大學至少要接觸英文學習課程或是參與國際活動三年以上，英文能力才能提升。

二、將外語學習融入自己的生活：以英文為例，利用英文記錄自己的行程、隨時收聽英文國際新聞、上網找英文資料、注意周遭所有英文標示或是資訊、每天用英文對自己說話！以實用為主，別被文法規則所限，盡情地講、盡情地寫，慢慢地透過模仿，就會說出或是寫出好的外語。記住：我們要「使用」外語，透過使用語言來學會該外語。

用心讀原文專業書

三、好好讀完一本原文專業書：用心地把你專業原文書，從第一個字到最後一個字，好好查字典，仔細地讀完。你不僅以第一手的方式獲得知識，更能熟悉你那個專業（如國貿、政治、資訊、電機等）的英文用字遣詞與表達方式，對於結合專業與外語學習來說，非常有幫助。

四、每天至少接觸外語一小時：學習外語並非靠智力而是靠毅力。不斷地自我練習（背單字、自我的口語訓練、培養閱讀習慣等）都需要時間的累積，才能看出效果。任何人只要有毅力，都可以學好一種外語。

設定學習外語目標

五、設定學習外語的目標：每兩年參與外語的檢定考試，一方面可以取得未來進入職場的證明，一方面可以設定學習的目標，督促自己訂定有效的學習計畫。

掌握一種外語，給自己多一個機會！多與世界對話，多一分未來競爭的實力。大學四年可以說是人生最珍貴的學習歲月，任何念過大學的人都會說，有些事情是離開大學後，幾乎無法再尋回。掌握與世界對話的能力，絕對是念大學不能錯過的事！

第八封信

在大學結交一生信賴的好友

利用大學生活為幸福未來打基礎。

發信人 周行一

攝影 邱德祥

周行一

現職 政大商學院財務管理系教授

學歷 政大企管系、美國印第安那大學布魯明頓校區企管碩士及商學博士

專長 投資學、風險管理、國際金融

親愛的大學新鮮人：

對大學新鮮人而言，進大學是天大的喜事，會讓人興奮得睡不著覺；身爲大學教師，每年這個時候我就有說不出的期待，可以再與一批年輕人教學相長，讓我的人生更爲充實。

我還記得自己到政大報到的那一天，那是三十一年前，就認識了在我一生中最重要的朋友——我太太，我們是俗稱的班對，還有幾位以後經常幫助我的同學，沒有他們，我的人生不會如此順遂。念大學後愈來愈多的同學變成好朋友，其中一位後來與我承諾互相成爲對方小孩的乾爹。

努力建構人脈

我在大學時參加社團，擔任過學會總幹事，學習到人生中非常重要的一件事，就是一個人能成的事小，眾志成城，大家一起努力，就能做大事。所以如果想要多做一點事，就必須要有朋友合作幫忙，這就是所謂的「人脈」。你也許聽過人脈的重要性，在以前也經歷過有朋友的好處，譬如高中同學會與你交換筆記，或報給你聽好的補習老師；到了大學後你會更體會人脈的重要性，譬如你要辦個活動，需要人捐款，這時候如果能認識一些事業有成的學長姊幫忙，就會大功告成。

但是要如何建立人脈呢？是不是認識的人愈多就愈好？我有一些觀察可以提供給你參考。首先你必須牢記，天助自助者，最可靠的人是你自己，通常本事愈大，人脈就愈好，如果你能力強，對別人會有幫助，別人反而想要主動與你做朋友，你如果沒有本事，願意接近你的人就會比較少，要建立人脈就相對較吃力了。我在幫學校做國際交流時就有這種感觸，那些覺得比你差的學校會積極主動與你聯絡，但是覺得自己是世界頂尖的學校就不易搭上線。

培養軟硬本事

就商管領域而言，你的本事可分爲兩方面——硬本事與軟本事。硬本事中最重要的就是專業知識，那是你初入職場的敲門磚，也會是你持續升遷的基礎；但僅靠一項硬本事已不足以應付現代的商業環境，你還要有整合不同專業領域的能力，那會幫助你更上層樓；英語語言能力已經是基礎的硬本事，不再是從事某種行業才需要具備的。軟本事包羅萬象，包含溝通、協調整合、領導、文化素養、品德、情緒控制等等，這些能力會幫助你達到組織的尖端。

硬本事通常可以在書本與修課中學習，軟本事經常是在參與各項活動中去體會的。如果你能軟硬兼修，就會無往不利，人脈自然水到渠成，不需要強求。但是要軟硬兼修就要有平衡的大學生活，學業與其他活動兼顧。幾乎每年暑假都會有同學因修課學分數有一半不及格而被退學，就是因爲沒有花足夠時間及精力在硬本事上面，這些同學不僅失去了學習硬本事的機會，也錯失了建立人生中最重要人脈的地方——大學。

胸寬大結善緣

在大學中交的朋友與你的一生息息相關，除了他們有各種可以與你互補的能力之外，你們的感情不是建立在利害關係上，有點像兄弟的感情，以後經常會超越其他現實考量，而成爲彼此扶持的依賴。等你畢業工作後就會開始了解，職場上的現實有時會阻礙交到眞心的朋友，而大學同學最爲純眞，有高度的理想性，將來共事的互信程度高，可以成爲終生的事業夥伴，我認識的同學及學長姊中不乏這樣的例子。

當然，人脈也不是守株待兔來的，除了自己要有軟硬本事之外，願意幫助別人、替別人服務、與別人分享是交好朋友的必要條件。我們有一句成語「心寬體胖」，心胸寬大的人自然會廣結善緣，不僅常有朋自遠方來，還會源源不絕的交新朋友。你應當會在大學中交到一生都可以信賴的好朋友，不過不要忘了，好朋友不是汲汲營營來的，有時候拚命想建立人脈，可能得到的是泛泛之交，或是利益的結合，好朋友是要真心相待的！

第九封信

四年黃金歲月 讓自己甲冑齊全

對於學習，
最大的考驗是恆心毅力，
其次才是智力：
你可以不是最聰明的人，
但有恆使你成為有用的人。

黃碧端

現職 文建會主委

學歷 台大政治學學士、台大政治學碩士、美國威斯康辛大學文學博士

專長 中西文學研究評論、教育行政、藝術行政

發信人 黃碧端

攝影 黃義書

親愛的大學新鮮人：

如果大學新鮮人特別需要忠告，那是因爲眼前美好的四年時光就要開始，善用的話是黃金歲月，不然就是生命最可惜的浪費。

因爲要寫這封「信」，我不免回頭想想久遠以前我自己剛成爲新鮮人時是什麼心情：我進大學時的情況大概不怎麼典型，因爲我高二時台大有一個刊物社團邀我加入，所以等我考進去，校園裡已有許多分散在各系的熟人。我高中那班可能也是台灣聯考史上的一個紀錄，同班四十幾人有三十七個進了台大。

這樣一個「非典型」的大學生活起點，有得有失。我沒有經歷多少新環境的摸索，彷彿順理成章就融入了當時的台大校園，大學的起點其實有點平淡。但我周圍的熟朋友都是各學科的「達人」，「無友不如己者」的理想大概不知不覺就完成了。這些出色的同儕，在經過漫長的人生歲月之後回顧，多數在國內外各有專業上的成就，台灣當代的科技文化發展，不少是當年同窗的貢獻。

80年代台灣奇蹟

在自己有限的「非典型」大學新鮮人經驗之外，二、三十年來我有許多機會在第一線上觀察大學生的變化。這段期間，台灣的大學急速地從菁英教育變成普及教育。基礎放大了，大學生也就變得極度多樣。在我的年代，小孩從小學到大學，單純地成長，彼此有較接近的人生觀，多半勤奮務實；也有更整齊的素質——包括文史數理各學科的基本能力、閱讀基礎、中英文能力，等等。「把書念好」在當時就接近是全部的人生大事。有點無趣，是的。但台灣第一波經濟奇蹟的主要成因，公認是教育的成功——包括最優秀的大學生紛紛出國，得到先進國家的教育體系接棒養成；沒出國甚至不一定接受了大學教育的，則成為留守的中堅。八〇年代兩軍匯合，遂創造出台灣奇蹟來。

同學多樣創意多

經濟起飛後愈來愈「多樣」的大學生，有些也具備了類似當年那些「菁英」的條件（可能更好——因為如今知識取得遠為便利），且因為拘束少了、資訊多了，他們富於創意，勇於表現。

我們這一代父母師長，看了偶爾搖頭，但多數時候是驚詫暗喜的。

但不能諱言，我們確實有更多缺乏知識好奇心的大學生。因爲缺乏知識好奇心，也就不探索不閱讀，基本學科能力近於空白。他們史地常識極度欠缺，不知道林黛玉或曹操是誰、梵諦岡意義何在。他們雖念了國中加高中的英文課，卻可能連二十六個英文字母都記不全。可是因爲大學那麼多，即使這樣的學生仍會有學校可進。我們卻不能不憂慮：這樣的「大學生」，有意義嗎？

成為新世代的人才

親愛的大一新鮮人：如果你是校園裡好學的菁英，我希望你也自期勤奮務實，且勇於開創。能這樣，你將是新世代最難以取代的人才。但倘若你是大考總分不到一百分的大學生，我要建議你在成爲新鮮人的第一天就下定決心：每天連同例句至少背一個英文單字，每個月至少讀一本有經典地位的好書，每學期至少挑一門跨系而有養分（不是「營養學分」）的課去選修。進大學時你也許不是夠好的學生，但你痛下決心，出校門時要甲冑齊全，該有的起碼知識和語文能力都能具備。有這樣的基本條件，加上新時代的活潑創意，你會比當年「無趣」的我們更具實力。如果我們期望有第二波台灣奇蹟，今天的大學新鮮人將是希望所寄！

練習管理金錢
從大學開始

想要在未來比別人更具優勢，
就要比同儕看得更遠、更努力，
語文能力和電腦技能，
一定要在大學時先準備好，
培養自己的執行力也很重要。
希望你們大學生活愉快，學習進步。

江威娜

現職 萬事達卡中國區總經理暨資深副總裁

學歷 東吳大學商用數學系、台灣大學金融經理管理研究班

專長 銀行及信用卡業務發展、品牌推展、金融資訊系統建置

記錄 記者孫中英

攝影 潘俊宏

各位大一新鮮人：

我的小女兒今年即將上大學一年級，我也是準大一新鮮人的母親，大一新鮮人要開始接觸許多生命中的新事物，學習正確的金錢和理財觀念應該從現在就開始。

我認爲，大學生要學的第一個重要正確金錢觀念，就是練習管理金錢。大家可以從「管理自己的收支」開始，例如試著留下爸媽給的零用錢或打工所得，這些錢就是你的「收入」。

設定目標　累積財富

在扣除必要支出後，累積存下的錢，就可能是你的小財富，在此同時，你可以設定一個人生「目標」，這也是第二個理財觀念。有了目標，會讓你累積金錢的過程，更有意義。

有些大學生在大學時存下的獎學金或零用錢，甚至可作爲出國留學的部分費用，就達到他之前設定的目標。新鮮人們，你們還年輕，應該先努力達成目標，未來有的是機會回饋自己，人生正要開始呢。

控制消費　不要負債

大學生活多采多姿，第三個要注意的金錢財務守則，請「控制消費」，畢竟大學生還沒有太多財富可以理，但要小心，一不注意消費，反而會變成要先「理債」。

建議大學生，可以從讀大一就開始學習定期追蹤自己的消費支出，長期下來就可發現，自己在哪裡花錢最多？或根本不該花這些錢。只要時間拉長，就可慢慢學會控制自己的支出，甚至可以找到省錢的方法呢。我還聽說，有些大學生會學著自己記帳，這也是不錯的理財習慣。

社會這幾年流行名牌風，但我認爲，大學生應該有自知之明，在還不會賺錢時，千萬不要走入名牌迷思，導致過度消費，克制物欲也是基本的金融觀念，大學生也要學會。

但我也不建議大家都因此不消費，還是可以偶爾獎勵自己一下。其實建立獎勵措施也是財富守則之一，人畢竟要獲得回饋，繼續前進的動機才會更大。但獎勵措施的最大前提，是要先達到目標，例如你存下的錢，可以在假日時和朋友來個兩天一夜出遊，既然達到目標，就可以去做。

學生持卡　信用積分

另外，我認爲大一新鮮人可以開始試著持有信用卡，學習使用「信用」這項支付工具，因爲金錢其實有很多面向，你看到的鈔票是一種，信用卡也是一種。

刷信用卡除了消費支付外，其實也在培養和累積自己的金融信用積分。美國年輕人也是從大學時期開始持卡，但切記，信用卡是「信用工具」，金融機構是肯定你的信用，才讓大家預先消費、事後還錢。

有能力的父母親在孩子念大學時，可幫孩子先辦一張信用卡附卡。像我的大女兒以前在高雄讀大學，但我們家在台北，她一人離家在外，要自行應付所有開銷，我就幫她辦一張我的白金卡附卡，並且將附卡額度限制在兩萬元以內；她從大一到現在出社會，都在用這張白金卡附卡，而且每月刷卡預算，始終控制在兩萬元額度內。

孩子拿爸媽附卡的好處，就是帳單主要仍由父母支付，若孩子有打工零用錢，自己開始付也有可能，但爸媽可透過每月帳單，定期檢視年輕人在做什麼消費，如果亂消費，馬上也可管制。

至於投資或理財，除了金融科系學生，可能有提前投入市場的需求，多數大一新鮮人還是先等一等。畢竟在大學期間仍應以求學爲主，大學生既然不能全力賺錢，應該等到出社會有賺錢能力後，再來談投資。

第十一封信

走出校園
品味美學與創意

不要害怕穿出自己的品味和個性，「美」沒有一個絕對的標準，也不只有一種模式。多去接觸美的事物，不論是看畫展、閱讀美學著作、了解接觸當代的設計師作品，都有助於提升你的美學素養與品味。

提醒大學新鮮人，擁有品牌並不一定代表就是有品味，如果心中沒有美學素養和品味，渾身名牌反倒顯得俗氣！

盧淑芬

現職 哈潑時尚（Happers Bazaar）雜誌總編輯

學歷 實踐家專服裝設計科畢業，遊學紐約一年

專長 時尚潮流觀察

記錄 記者陶福媛

攝影 李府翰

親愛的大一新鮮人：

「愛美，不是罪惡。」希望剛升上大學的莘莘學子們，先放下罪惡感，好好想一想要如何讓自己看起來更美、更有品味！

早期的教育完全不重視美學教育，師長要求我們要好好念書，不要花太多時間在衣著打扮上。但是現在時代不同了，我認爲大學新鮮人在進入大學殿堂後，應該要努力追求美。別忘了，修飾外表，不但是一種禮儀，同時也是展現美學素養和品味的最好方式。

好好打扮　穿出風格

在高中時，你們的首要任務就是努力念書、考上好大學，不得不暫時把美術、音樂等美學教育全部擺一邊。那麼上了大學後，就該好好補修美學、藝術和時尚課程，好好打扮自己，除了要打扮得美，還要穿出自己的風格和個性。

我覺得現在大學生的衣著風格都太一致了，簡直像是同一個模子刻出來的，全都長成一個樣子。更糟的是，我還看到時下偶像明星的影子，女生愛模仿蔡依林，男生則打扮得很像金城武，幾乎看不見台灣大學生的品味和創意。

我在紐約遊學時，最讓我驚豔的是紐約大學生的衣著打扮，他們的衣著打扮都很有自己的風格，不怕與眾不同。

有人走嬉皮路線，穿上曳地碎花長裙、搭配頭巾；也有人走龐克風，渾身披戴金屬鍊，還把頭髮豎起來、染成五顏六色。

穿戴名牌　還不適合

當然，我並不鼓勵台灣的大學生們標新立異，但至少要明白自己的特色和優點在哪裡，因爲偶像明星蔡依林、金城武的裝扮，並不一定適合每一個人。

至於大學生可以穿戴名牌嗎？這點我不太贊成，我是在出了社會後，才擁有第一個名牌包，記得是一只LV包，而且是用我自己的薪水買的。

我想說的是，品味的高低與金錢的多寡無關，「要Chic（時尙），也要Cheap（便宜）」，兩者並不違背。能不能擁有名牌，並不是一件很重要的事，如果你有能力使用它、接近它，當然最好，但如果經濟情況不允許，也不必難過。沒有錢，你還是一樣可以接近它、欣賞它。我建議大學生多走出校園，花點時間翻一翻時尚雜誌、逛一逛精品店，找出自己最喜歡、也最適合自己的裝扮。

逛精品店　尋找美感

逛精品店？是的！我不鼓勵大學生胡亂血拚購物，但我建議大學生多去逛精品店，站在櫥窗前欣賞櫥窗設計，甚至放膽走進店裡，欣賞大師級的裝潢設計、擺放在角落的藝術作品……，因爲在國際一線精品的旗艦店裡，處處都是美、俯拾盡是品味。

如果膽子夠大，不妨向店員請益，了解這一季流行什麼、請教衣服布料和剪裁的特色……，你會有更多的收穫。如果不幸遭到店員的白眼，也不必太難過，就當作是寫實社會學的一堂課。

美的鑑賞　落實生活

台灣正走向「創意產業」的時代，要想帶動台灣的經濟，不能光靠辛勤工作，還要擁有國際的視野和美學素養，才能提升自我的競爭力。美的鑑賞力很重要，要如何把原本束諸高閣的美學落實在生活當中，更是重要。

何妨，就從自己的穿衣打扮開始做起吧！

在大學上山下海 打開你的眼睛

忘掉考試，努力做自己。

蔣勳

現職　《聯合文學》社長

學歷　中國文化大學史學系、藝術研究所畢業。法國巴黎大學藝術研究所

專長　藝術評論、美學教育推廣

記錄　記者周美惠

攝影　胡聖堤

親愛的大學新鮮人：

在我讀高中的那一代，當年選擇走向人文的人，多少懷著叛逆的心情，反抗整個社會價值。我相信我在上大學以前讀的小說、文學給了我「回來做自己」的勇氣。

我初中念師大附中，當時幾乎花所有的時間在閱讀《簡愛》、《咆哮山莊》這些文學名著，高中時我已讀了杜思妥也夫斯基的作品，以及托爾斯泰的《戰爭與和平》。

當時家人不給零用錢買課外書，我曾花了三個月時間站在東方出版社，翻閱四大冊的《戰爭與和平》，直到回家吃飯的時間到了，才不捨地在書頁摺個角，明天繼續讀下去。那個閱讀的經驗太快樂了，我體驗到作為一個人的完整度，因為我在閱讀的是自己真正感興趣的書。

上大學　請自我思考

我覺得上了大學應該撥出很多時間做自我的思考。進了大學以後，我創辦詩社、做劇團，盡情做自己想做的事。

一九八四年起，我擔任東海大學美術系主任，嘗試在體制內做改變，我鼓勵學生玩皮影戲、組劇團、朗誦新詩。我們有堂寫生課，請來的老師楚戈、席慕容都是愛玩的人，他們用寫生的名義，把學生帶到墾丁、太魯閣，一走就是一星期，藉此，師生們在大自然中寫生、對話，我相信學生在這堂課學到的，比一般制式化課堂更多。

新鮮人 請多讀經典

我比較擔憂的是，現下的消費主義導向，扭曲了大學的價值，有許多大學生連打了三個工，卻沒有任何生命的追求。我建議大一新鮮人，應該爲自己準備好世界文化的重要體系，所以推薦大家選讀《聖經》、佛經、《易經》、《詩經》和《十三經》。

我推薦基督教的《聖經》，很多人以爲我鼓勵信教，其實不是。我初二的時候上教堂，讀完整本《聖經》，這對我幫助太大了。《聖經》影響到猶太人、以色列及整個歐美文化，想了解西方文化，若不透過《聖經》，只是皮毛。

有些人認爲《易經》太難，其實《易經》本來是算命的書，它是教我們卜卦的書，既然很多學生愛玩星座，就不會不喜歡卜卦。讀佛經，可以挑比較不難的讀一讀，了解印度的整個文化體系。

我看重經典，但更重要的是，我認爲「人文是從人的關心開始」、「分享他人的快樂、分擔他人的心事，是最重要的人文素養」。如果沒有眞正觸碰到心事，閱讀會流於表面。

玩社團　職場前準備

我建議你參加社團活動，愈多愈好。參加社團其實重在接觸，並不是在培養專業。我在參加過很多社團後發現，古箏社的人跟佛朗明哥舞蹈社的人、登山社跟社服社的人，就是不一樣，連穿著打扮都不同。

社團參加多了，你會發現原來大學裡的角色這麼豐富、這麼複雜。這個時候，你對人性的寬容、對人性的解讀就會比較不一樣，這等於是進入社會職場前的準備，因爲當你進入社會後，根本不能選擇你的同事，你是在預備接觸「未來你可能會碰到的人」。

台灣學生在國、高中碰到的同學的族群性是比較單一的，上了大學，千萬別再單一了。繼續單一的話，你將來的人生視野一定是窄的。

我在上大學以前，接觸到的全是家住台北的同學，上大學後，才接觸到來自埔里、望安的同學，他們打開了我的視野，讓我認識不同的階層、不同的族群。上大學以前，我極少接觸客家人，閩南語也一直講不好，讀了大學，我認識不同的族群，只要放長假我都不在台北，背著背包到處跑，這是很快樂的經驗，也讓自己變得比較健康。

學孤獨　最重要的課

想拓展人文視野，最好的辦法是「上山下海」打開你的眼睛。我在擔任東海大學美術系主任時，給每一位大一新鮮人的寒假作業是：一個人（不能與他人同行）找任何一個地方住三天，然後寫一封信給我。

做這個訓練是因爲我覺得台灣的孩子太受家庭保護、孤獨感不夠，一直沒機會脫離社會跟家庭，缺乏獨自面對自己的能力。假如你一個人面對大海或高山、找個民宿住下來，會有一個沉思的機會。學生寫的信給不給我，其實不是最重要的，而是要培養以筆記與自己對話的能力，養成一個跟自己對話的習慣。如果沒辦法孤獨的面對自己，就沒有獨自承擔事情的能力。

很多人認爲大學最重要的一課是「戀愛」，但我覺得最重要的一課是「孤獨」。愛所有的人之前，必須始於愛自己。只有在孤獨裡，你會開始愛自己，那個愛完整了，你才會擴及愛父母、兄弟姊妹、朋友，最後擴大到愛情。

給大學新鮮人的12封信

2008年8月初版
2012年7月初版第六刷

定價：新臺幣120元

著者 黃崑巖等
企劃 聯合報編輯部
發行人 林載爵

出版者 聯經出版事業股份有限公司
地址 台北市基隆路一段180號4樓
台北聯經書房 台北市新生南路三段94號
電話 (02)23620308
台中分公司 台中市北區健行路321號1樓
暨門市電話 (04)22371234 ext.5
郵政劃撥帳戶第0100559-3號
郵撥電話 (02)23620308
印刷者 世和印製企業有限公司
總經銷 聯合發行股份有限公司
發行所 台北縣新店市寶橋路235巷6弄6號2F
電話 (02)29178022

叢書主編 黃惠鈴
校對 馮蕊芳
封面設計 翁國鈞
內文排版 陳巧玲

行政院新聞局出版事業登記證局版臺業字第0130號

本書如有缺頁，破損，倒裝請寄回台北聯經書房更換。ISBN 978-957-08-3315-7 (軟皮精裝)
聯經網址 http://www.linkingbooks.com.tw
電子信箱 e-mail:linking@udngroup.com

國家圖書館出版品預行編目資料

給大學新鮮人的12封信/黃崑巖等著．
聯合報編輯部企劃．初版．臺北市．聯經．
2008年（民97），96面；13×19公分．
ISBN　978-957-08-3315-7（軟皮精裝）
〔2012年7月初版第六刷〕
1.大學生　2.生活輔導

525.73　　97015334